Lecker!

Pia Deges

Zuckerschnute

Süßkram
selbermachen,
dekorieren
& vernaschen

Inhalt

Partyspaß und Spielerei

Glücksdekoration

Mitbringsel

Praktische Tipps & Tricks für Zuckerbäckerinnen ab Seite 100!

Lecker!

Lollipop

Streuselpops

Glaszuckerlollis

Blumenkekse

Schokolöffel

Bananenpops

Berliner am Stiel

Prinzessinnen

Streuselpops

Cakepop-Krönung: Für den perfekten Auftritt deiner Cakepops lässt du am Schluss eine ordentliche Ladung Konfetti über ihre Häupter rieseln.

1. Zuerst bereitest du den Cakepop-Grundteig zu. Dann stichst du immer einen Teelöffel voll vom Teig ab und rollst daraus zwischen deinen Händen Kugeln.

2. Jetzt wird die Schokolade geschmolzen, entweder im Wasserbad oder in der Mikrowelle (siehe Seite 103). Tauche ein Lollistielende in die geschmolzene Schokolade und stecke es dann in eine Teigkugel. Die Schokolade dient als „Kleber", damit der Teig am Stiel hält. Jetzt wandern deine Cakepops samt Stiel für ca. 15 Minuten ins Gefrierfach.

3. Wenn die Schokolade am Stiel fest geworden ist, kannst du die Cakepops einzeln in die geschmolzene Schokolade dippen und sofort danach mit Zuckerstreuseln berieseln.

4. Zum Festwerden steckst du die Cakepops in eine Styroporplatte. Damit sie ordentlich etwas hermachen, kannst du ihnen noch ein Schleifchen aus Satinband verpassen. Fertig sind deine knallbunten Zuckerkugeln.

Du benötigst dafür:

- Cakepop-Grundteig (siehe Seite 107)
- weiße Schokolade
- 200 g Candy Melts
- Zuckerstreusel
- Lollistiele, 15 cm lang
- Styroporplatte
- Satinband in verschiedenen Farben, 7mm breit

Glaszuckerlollis

Werde Lolli-Designer und zaubere diese glasklare Schleckerei am Stiel für kleine und große Naschkatzen.

Du benötigst dafür:

- 450 g Zucker
- 150 ml Maissirup
- Zuckerperlen oder -streusel
- Lollistiele, 15 cm lang
- Backpapier

1. Zuerst legst du dir zwei Bögen Backpapier zurecht. Dann schüttest du den Zucker zusammen mit dem Maissirup und 60 ml Wasser in einen Topf.

2. Lass das Gemisch bei mittlerer Hitze erst schmelzen und bring es dann langsam zum Kochen. Insgesamt lässt du deinen Zuckerbrei ca. 7-10 Minuten kochen.

3. Gib jetzt immer jeweils einen kleinen Klecks Zuckersirup auf das Backpapier, drück einen Lollistiel flach hinein (Vorsicht, heiß!) und lass Streusel deiner Wahl darüber rieseln. Sind alle Lollis fertig dekoriert, müssen sie erst mal abkühlen.

4. Wenn die Lollis hart geworden sind, kannst du sie vorsichtig vom Backpapier abziehen – fertig!

Zuckersüß

Von diesen Lollis kannst du verschiedenste Varianten herstellen, ganz nach deinem Geschmack! Rühre z.B. Lebensmittelfarbe oder Geschmacksessenzen (Vanille o.Ä.) in die flüssige Zuckermasse.

Zuckersüß

Für noch mehr unterschied-
liche Kekse kannst du auch
verschiedenfarbige Bonbons
mischen und Stern- oder
Herzchen-Ausstecher
nehmen. Das sieht
toll aus!

Blumenkekse

Essbare Blumensorten gibt es viele. Aber diese Blümchen sind eine besonders leckere Kostbarkeit. Und das Beste ist: Du brauchst kein Gärtner zu sein, um sie hinzubekommen.

1. Für deine Blumenkekse bereitest du zunächst den Grundteig für Butterkekse vor und rollst den Teig dann auf einer mit Mehl bestäubten Platte aus. Stich erst die großen Blumen und dann mit dem kleinen Ausstecher die Blumenmitte aus. Leg deine Plätzchen auf ein Backblech mit Backpapier.

2. Jetzt wird Lärm gemacht. Je drei Bonbons gleicher Farbe kommen in den Blitzhacker und werden zu Zuckerstreuseln zermahlen. Diese füllst du dann mit einem Löffel in das Blumeninnere.

3. Die Blumenkekse wandern jetzt für zehn Minuten bei 170°C in den Backofen. Pass auf, dass sie nicht zu braun werden. Haben die Kekse die richtige Farbe, dann nimmst du sie heraus und lässt sie abkühlen. Das Innere der Blume wird hart wie ein Lolli.

4. Bereite nun den Zuckerguss vor und befestige damit ein paar Schokolinsen auf der Blume und einen Holzstiel an der Rückseite deiner Blume. Ist der Guss fest geworden, kannst du die Blumenkekse in einen Blumentopf stecken und fertig ist dein Kunstwerk!

Du benötigst dafür:

- Butterkeks-Grundteig (siehe Seite 105)
- harte Bonbons in verschiedenen Farben
- Blitzhacker
- Zuckerguss (siehe Seite 104)
- Schokolinsen
- Holzstiele, 20 cm lang
- Blumen-Ausstecher in 2 verschiedenen Größen

Schokolöffel

Löffelweise Schokoladenglück – zum Verschenken oder selber Naschen! Wer kann da schon widerstehen?

Du benötigst dafür:

- Plastiklöffel in verschiedenen Farben
- 200 g Vollmilch-Schokolade
- Zuckerstreusel
- Zuckerperlen
- Zuckerherzen
- Zuckerkonfetti

1. Zerteile die Schokolade mit einem Messer vorsichtig in kleine Brocken. Nimm dazu am besten ein Schneidebrett. Dann gibst du die Schokostückchen in einen kleinen Topf.

2. Nun wird die Schokolade im Wasserbad oder in der Mikrowelle geschmolzen (siehe Seite 103).

3. Leg dir die Plastiklöffel zurecht. Die Spitze des Löffelgriffs legst du auf ein Buch (Achtung, gut abdecken!) oder einen Teller, so lassen sich die Löffelmulden später einfacher mit Schokolade befüllen.

4. Lass die geschmolzene Schokolade ein wenig abkühlen und füll sie dann in ein kleines Milchkännchen. Jetzt kannst du deine Plastiklöffel voll Schokolade gießen. Ein paar Zuckerstreusel deiner Wahl oben drauf – und fertig ist dein Schoko-Glück!

Zuckersüß

Das Ganze sieht auch prima mit weißer Schokolade oder bunten Candy Melts aus! Und schmecken tut's auch!

Zuckersüß

Ähnliche Köstlichkeiten
am Stiel kannst du auch
aus Erdbeeren, Apfel-
stücken oder Wein-
trauben zaubern.

Bananenpops

Diese Schleckerei für zwischendurch ist ruck zuck fertig und sogar ein bisschen gesund.

1. Zuerst schneidest du Bananen mit einem Messer in ca. 5 cm lange Stückchen. Die beiden spitzen Bananenenden futterst du am besten direkt auf, denn für deine Bananenpops du brauchst du nur gerade Stücke.

2. Zerkleinere die Vollmilchschokolade vorsichtig mit einem Messer und schmelze die Schokoladenstückchen im Wasserbad oder in der Mikrowelle (siehe Seite 103).

3. Tunk ein Strohhalmende in die Schokolade und steck den Stil dann in ein Bananenstück. Nun wartest du, bis die Schokolade fest geworden ist – das geht am schnellsten im Kühlschrank.

4. Halte deinen Bananenpop am Stiel fest und dippe die Oberseite in die geschmolzene Schokolade. Je nach Geschmack kannst du noch Zucker- oder auch Schokostreusel darüber streuen. Zum Erkalten steckst du den Stiel in eine Styroporplatte.

Du benötigst dafür:

- Bananen (nicht zu reif)
- Papierstrohhalme in verschiedenen Farben
- 100 g Vollmilchschokolade
- verschiedene Zuckerstreusel
- Styroporplatte

Berliner am Stiel

Knackige Schokohülle, kunterbunte Streuseldeko – diese Mini-Berliner haben sich heute besonders hübsch herausgeputzt!

Du benötigst dafür:

- Mini-Tiefkühl-Berliner
- 300 g weiße Schokolade oder farbige Candy Melts
- evtl. Lebensmittelfarben in Türkis, Rosa und Mint
- Schaschlikspieße, 15 cm lang
- verschiedene Zuckerstreusel

1. Nimm die gefrorenen Berliner aus dem Gefrierfach und bohr mit einem Schaschlikspieß vorsichtig ein Loch in die Mitte. Zerkleinere die Schokolade und bring sie entweder im Wasserbad oder in der Mikrowelle zum Schmelzen (siehe Seite 103).

2. Tauche immer jeweils ein Ende des Schaschlikspießes in die Schokolade und stecke den Spieß dann in das vorgebohrte Loch in deinen Berliner. Das wiederholst du bei allen Berlinern.

3. Wenn die Schokolade am Stiel fest geworden ist (und das sollte recht schnell gehen, schließlich ist der Berliner ja noch gefroren), kannst du deinen Mini-Berliner einmal ganz in die Schokolade tunken.

4. Jetzt geht's ruck zuck ans Verzieren. Dekoriere deine Berliner mit Zuckerstreuseln oder –herzen, bevor die Schokolade wieder erkaltet.

5. Bis du deine Berliner am Stiel endlich servieren bzw. essen kannst, musst du dich noch einen Augenblick gedulden. Steck sie in die Styroporplatte und lass sie an einem nicht zu kühlen Ort komplett auftauen. Aber dann kannst du sie fröhlich auffuttern!

Zuckersüß

Schneide aus einem Karton ein Schloss für deine Prinzessinnen aus und bemale es mit Acrylfarbe. Hinter dem Schloss platzierst du einen Steckschwamm – er hält die Stiele deiner königlichen Hoheiten fest.

Prinzessinnen

Diese königlichen Köstlichkeiten verschwinden mit einem Haps im Mund!

• Cakepop-Grundteig (siehe Seite 107)

1. Zuerst bereitest du den Cakepop-Grundteig vor. Forme aus dem Teig kleine Kugeln von ca. 3 cm Durchmesser. Dann schmilzt du die weißen Candy Melts im Wasserbad oder in der Mikrowelle (siehe Seite 103) und färbst sie mit einem klitzekleinen Tropfen orangefarbener Lebensmittelfarbe ein.

2. Jetzt tunkst du jeweils ein Lollistiel-Ende in die geschmolzene Masse und steckst den Stiel in eine Kugel. Wenn du mit allen Kugeln durch bist, wandern sie für 15 Minuten ins Gefrierfach.

3. Tauche die Prinzessinnen-Köpfe in die gefärbte Schokoladenmasse, klopfe die überschüssige Schokolade etwas ab und steck die Stiele zum Festwerden in ein Stück Styropor.

4. Jetzt geht's ans Dekorieren. Dafür schmilzt du wieder weiße Candy Melts und färbst sie wie oben beschrieben gelb ein. Mit einem sauberen Pinsel malst du deinen Prinzessinnen Frisuren auf. Zwei Tupfer schwarze Lebensmittelfarbe ergeben die Augen, ein Pinselstrich rote Lebensmittelfarbe den Mund.

5. Mit einem kleinen Klecks geschmolzener Schokolade befestigst du zwei rosafarbene Zuckerkonfetti an den Wangen. Drück einen Streifen rosafarbene Fondantmasse platt und schneide mit einem Messer Zacken für eine Krone hinein. Biege sie ein wenig zurecht und befestige sie mit etwas geschmolzener Schokolade am Kopf deiner Prinzessin.

Du benötigst dafür:

- Cakepop-Grundteig (siehe Seite 107)
- Candy Melts in Weiß, 200 g
- Lebensmittelfarbe in Orange, Gelb, Schwarz und Rot,
- 70 g Fondantmasse in Rosa
- Zuckerkonfetti in Rosa
- Lollistiele, 15 cm lang
- Messer
- dünner Pinsel
- Styroporplatte

ACHTUNG!
KRÜMELIGE KROKODILE

Krümelei

Regenbogentorte

Minicupcakes

Überraschungs-
päckchen

Knabber-Zoo

Rosarote
Konfettitorte

Wimpelketten-
kekse

Biskuitschnecken

Schokokuss-
hörnchen

Regenbogentorte

Dieser quietschbunte Tortenknaller ist für Feste aller Art geeignet. Ein echter Gute-Laune-Kuchen!

Du benötigst dafür:

- 2 x Biskuit-Grundteig (siehe Seite 106)
- Lebensmittelfarbe in Hellblau, Grün, Rot, Orange und Gelb
- 200 g Frischkäse
- 3 EL Zitronensaft
- 70 g Zucker
- 200 ml Sahne
- Kuchen-Springform, ⌀ 20 cm

1. Für diese knallbunte Torte bereitest du zweimal den Biskuit-Grundteig zu. Dann verteilst du den Teig gleichmäßig auf fünf Schüsseln.

2. Rühre je ein paar Tropfen Lebensmittelfarbe in den Teig und färbe jede Teigportion in einer anderen Farbe ein. Dann legst du deine Springform mit Backpapier aus und füllst die erste Ladung Teig hinein.

3. Ab damit in den Backofen und bei 180°C 15 Minuten backen. Der Teig sollte fest, aber nicht braun sein. Sobald dies der Fall ist, nimmst du deine Form aus dem Backofen, löst den Kuchenrand vorsichtig mit einem Messer aus der Form und nimmst ihn heraus. Lass alles gut abkühlen.

4. Auf diese Weise backst du auch die anderen vier Lagen deines Regenbogenkuchens. Dann kannst du dich um die Füllung kümmern.

5. Dazu verrührst du den Frischkäse mit Zucker und Zitronensaft, bis eine schöne Creme entstanden ist. In einer separaten Rührschüssel schlägst du die Sahne steif und mischst sie dann unter die Frischkäsecreme.

6. Jetzt wird gestapelt. Zuerst kommt der blaue Biskuitboden auf deine Tortenplatte. Darüber verteilst du mit einem Messer eine Schicht deiner Creme. Dann kommt wieder Biskuit, dann wieder Creme. Das geht im Wechsel immer so weiter, bis du bei der letzten Cremeschicht angelangt bist. Lass es dir schmecken!

Zuckersüß

Hübsche deine Torte
noch mit einer regenbogen-
bunten Pompon-Girlande
auf. Die Anleitung
dazu findest du auf
Seite 75.

Minicupcakes

Feine Törtchen mit cremiger Haube – perfekte Begleiter für ein perfektes Puppenpicknick.

1. Bevor es ans Backen geht, heizt du den Backofen auf 180°C vor und legst ein Mini-Muffinblech mit Papierförmchen aus. Dann rührst du Butter und Zucker in einer Schüssel schaumig und gibst ein Ei nach dem anderen dazu.

2. Das Mehl wird mit dem Backpulver vermischt und wandert ebenfalls in die Rührschüssel. Fülle den Teig in die Förmchen und schiebe das Ganze dann für zwölf Minuten in den Backofen.

3. In der Zwischenzeit kümmerst du dich um das Topping. Dafür schmilzt du die weiße Schokolade in der Mikrowelle oder im Wasserbad (siehe Seite 103) und lässt sie abkühlen. Die Schokolade sollte leicht warm und flüssig sein.

4. Rühre Butter und Frischkäse glatt und gieße dann die weiße Schokolade dazu. Je nach Geschmack kannst du hier noch Bittermandel- oder Vanillearoma hinzufügen. Verrühre alles mit einem Löffel zu einer glatten Masse.

5. Füll den Spritzbeutel mit der Frischkäsemasse. Jetzt kannst du deine ausgekühlten Muffins nach Lust und Laune verzieren. Halte dabei die Tülle mittig auf einen Muffin und drücke dann den Frischkäse heraus. Ein paar Streusel obendrauf – und deine Puppen können zum Kaffeeklatsch kommen!

Du benötigst dafür:

- 125 g weiche Butter
- 125g Zucker
- 3 Eier
- 200 g Mehl
- 2 TL Backpulver
- 200 g weiße Schokolade
- 270 g Frischkäse
- 70 g Butter
- Vanilleessenz
- Zuckerstreusel
- Spritzbeutel
- Mini-Muffin-Blech, Ø 4,5 cm
- Mini-Muffin-Papierförmchen

Überraschungspäckchen

In dieser köstlichen Krümelei versteckt sich eine besonders süße Überraschung.

Du benötigst dafür:

- Butterkeks-Grundteig (siehe Seite 106)
- Zuckerguss
- Lebensmittelfarbe in Hellblau, Grün, Pink, Orange und Gelb
- kleine Schokolinsen
- Ausstecher Viereck, ca. 5 cm x 5 cm und 3 cm x 3 cm

1. Für diese ungewöhnlichen Überraschungskekse bereitest du zunächst den Butterkeks-Grundteig zu. Verteile den Teig gleichmäßig auf fünf Schüsseln und gib pro Schüssel ein paar Tropfen einer Lebensmittelfarbe hinzu. Verknete die Farbe mit dem Teig.

2. Dann rollst du die farbigen Teigportionen auf einer mit Mehl bestäubten Unterlage aus und stichst die größeren Quadrate aus. Die grünen und gelben Quadrate legst du direkt auf ein mit Backpapier ausgelegtes Backblech. Aus den übrigen Quadraten stichst du nun mittig kleinere Quadrate aus.

3. Lege alle Plätzchen auf das Backblech und schiebe es bei 180°C Grad für zehn Minuten in den Backofen. Dann holst du die Plätzchen heraus und lässt sie gut abkühlen.

4. Nun kannst du die Plätzchenschichten aufeinanderkleben. Dazu bereitest du Zuckerguss zu (siehe Seite 104). Starte mit einem grünen Quadrat. Verteile mit einem dünnen Pinsel etwas Zuckerguss auf dem Keksrand. Darauf legst du jetzt einen Keks mit Loch und bepinselst auch hier den Rand mit Zuckerguss.

5. So stapelst du die Kekse Schicht für Schicht aufeinander. Der gelbe Keks bekommt keinen Zuckerguss, er wird als Deckel für das Überraschungspäckchen benötigt. Befülle nun das Innere deines Überraschungskekses mit Schokolinsen und lege den gelben Deckel darauf. Verschnüre dein Päckchen mit einem hübschen Satinband – fertig ist dein Geschenk!

27

Zuckersüß

Natürlich kannst du
auch kleine Überraschungen
in deinen Kekspäckchen
verstecken und verschenken:
Mini-Figürchen, Fingerring,
Murmeln etc.

ACHTUNG! EXQUISITE ELEFANTEN

Zuckersüß

Natürlich können auch
Bären, Pinguine, Löwen
oder Nilpferde in deinen Zoo
einziehen. In der Käfig-
Schachtel lassen sich deine
Leckereien auch prima
verschenken!

Knabber-Zoo

**Hereinspaziert in den Zoo der Köstlichkeiten!
Hier gibt es krümelige Krokodile, exquisite Elefanten oder
gut schmeckende Giraffen zu bestaunen!**

1. Bereite den Grundteig für Butterkekse zu und stich einen Schwung fröhlicher Zootiere aus. Sind die Kekse fertig gebacken, bereitest du den bunten Zuckerguss vor (siehe Seite 104) und verzierst damit deine Tiere. Lass sie gut trocknen.

2. Jetzt wird gebastelt! Die Tiere bekommen nämlich noch schicke Käfige. Beklebe dazu das Innere der leeren Pappschachteln mit buntem Geschenkpapier. Den äußeren Rand der Schachteln verzierst du mit Masking Tape.

3. Die Tiere können einziehen. Pack ein paar von jeder Sorte zusammen in einen Käfig und befestige das Ende eines ausreichend langen Wollfadens mit Masking Tape hinten an der Schachtel. Jetzt wickelst du die „Gitterstäbe", also den Wollfaden, um den Käfig. Erst senkrecht, dann waagerecht. Das andere Ende des Wollfadens klebst du wieder mit Masking Tape an der Rückseite fest. Fertig ist dein Käfig!

4. Denk dir noch lustige Schilder für deine Tiergehege aus. Schreib z.B. „Krümelige Krokodile" auf ein Stück Papier, schneide es in Form eines Schildes zurecht und klebe es an ein Stück Papierstrohhalm. Dann steckst du das Ganze in eine Kugel Knete und stellst das Schild neben dem Käfig auf.

Du benötigst dafür:

- Butterkeks-Grundteig (siehe Seite 106)
- Zuckerguss in Grün, Gelb und Rosa
- Ausstecher Elefant, Krokodil und Giraffe
- leere Pappschachteln
- Geschenkpapier
- Wolle in Rosa, Hellgrün und Hellblau
- Masking Tape nach Wunsch
- Papierstrohhalm
- Knete
- Kopierpapier, A4

ACHTUNG!
KRÜMELIGE KROKODILE

Rosarote Konfettitorte

Rosarotes Tortenglück ganz ohne backen, aber mit einer Extraladung Erdbeeren und Konfetti!

Du benötigst dafür:

- 150 g Löffelbiskuits
- 125 g Butter
- 200 g Sahne
- 200 g Erdbeeren
- 200 g Frischkäse
- 80 g Zucker
- 6 Blatt Gelatine
- 6 EL bunte Zuckerstreusel
- Küchenreibe
- Springform, Ø 25 cm

1. Für den Boden zerbröselst du zunächst die Löffelbiskuits. Das geht am schnellsten mit einer Küchenreibe. Dann vermischst du die Brösel mit der weichen Butter und den bunten Zuckerstreuseln und knetest alles gut mit den Händen durch. Verteile diese Masse nun in der Springform, sodass Boden und ein Teil des Randes gleichmäßig bedeckt sind. Drücke alles gut fest.

2. Schlage die Sahne mit einem Handrührgerät sehr steif. Püriere die Erdbeeren zusammen mit dem Zucker und rühre dann den Frischkäse unter.

3. Die Gelatine weichst du in einer Schale mit Wasser zehn Minuten lang ein. Dann gießt du das Wasser ab und löst die Gelatine bei schwacher Hitze in einem kleinen Kochtopf auf. Füge einen Esslöffel der Erdbeermasse zu der Gelatine, rühre alles gut um und schütte das Gemisch unter den Rest der Erdbeermasse. Dann hebst du noch vorsichtig die Sahne unter.

4. Fülle die Erdbeermasse in die vorbereitete Springform und pack den Kuchen für drei Stunden in den Kühlschrank. Wenn du Lust hast, kannst du deine Konfettitorte am Schluss noch mit ein paar Sahnehäubchen oder Zuckerperlen verzieren.

Zuckersüß

Peppe deine Konfettitorte noch mit einer kleinen Dekoration auf. Wie wäre es z.B. mit einer angesagten Wimpelkette aus Masking Tape? Wie das geht steht auf Seite 75.

Wimpelkettenkekse

Aufgefädelt! Die richtige Deko für dein nächstes Kaffeekränzchen ... anknabbern erlaubt!

1. Bereite den Butterkeks-Grundteig zu und rolle ihn auf einer mit Mehl bestäubten Fläche aus. Jetzt kannst du Dreiecke ausstechen oder mit einem Messer vorsichtig ausschneiden.

2. Stich mit einem Strohhalm zwei Löcher in die oberen Ecken der Dreiecke. Hier fädelst du später die Schnur durch.

3. Bereite den Zuckerguss vor (siehe Seite 104) und verteile ihn gleichmäßig auf fünf Schälchen. Färbe jedes mit Lebensmittelfarbe in einer anderen Farbe ein.

4. Dann füllst du den Zuckerguss in einen Spritzbeutel mit einem kleinen Loch. Damit lässt sich das Keksdreieck gut umranden. Sind alle Dreiecke umrandet, schneidest du das Loch im Spritzbeutel etwas größer und füllst die restliche Keksfläche mit Zuckerguss. Klopfe den Keks ganz vorsichtig ein wenig auf das Blech, so kann sich der Zuckerguss gleichmäßig verteilen.

5. Ist die Verzierung getrocknet, fädelst du langsam ein Satinband durch die Kekslöcher. Fertig ist deine Gute-Laune-Wimpelkette!

Du benötigst dafür:

- Butterkeks-Grundteig (siehe Seite 105)
- Zuckerguss
- Lebensmittelfarbe in Hellblau, Rosa, Hellgrün, Gelb und Orange
- Strohhalm
- Messer
- Einweg-Spritzbeutel
- Satinband, ca. 7 mm, 2 m lang
- Ausstecher Dreieck

Biskuitschnecken

Traritrara, die Schneckenpost ist da! Und obendrein haben diese süßen Viecher kleine Köstlichkeiten im Gepäck.

Du benötigst dafür:

- Biskuit-Grundteig (siehe Seite 106)
- Lebensmittelfarbe in Rosa
- Zuckerstreuselperlen
- 200 g Frischkäse
- 6 EL Erdbeermarmelade
- 30 g Zucker
- Masking Tape nach Wunsch
- Fotokarton in Weiß und Rosa, Gelb und Hellblau
- Pompons, Ø 1 cm
- Stoffband
- Zuckeraugen
- Küchenhandtuch

Vorlagen Seite 108

1. Für diese fabelhaften Schnecken färbst du den Biskuitteig mit ein paar Tropfen Lebensmittelfarbe rosa ein. Verteile den Teig auf einem Backblech mit Backpapier und schieb das Ganze bei 180°C für 15 Minuten in den Backofen.

2. Bestreue ein Küchenhandtuch mit Zucker, nimm die Biskuitplatte samt Backpapier vom Blech und lege die Oberseite der Platte auf das Küchenhandtuch. Dann löst du das Backpapier vorsichtig ab und wickelst die Biskuitplatte mit Hilfe des Handtuchs zu einer Rolle.

3. Den Frischkäse verrührst du mit Zucker und Erdbeermarmelade zu einer Creme. Jetzt kannst du deine Kuchenrolle wieder öffnen und das Handtuch entfernen. Schneide je 7 cm breite Streifen vom Biskuitteig ab, verteile die Frischkäsecreme und ein paar Zuckerstreusel darauf und wickle das Röllchen wieder zusammen.

4. Schneide die Schnecke der Vorlage nach aus einem Stück weißen Fotokarton zu und beklebe sie mit Masking Tape. Das Gesicht schneidest du aus buntem Fotokarton aus und klebst weiße Zuckeraugen darauf, dann kannst du es auf den Schneckenkörper kleben.

5. Klebe zwei Pompons an die Fühler und binde deinen Schnecken noch ein kleines Geschenkband um den Hals. Jetzt kannst du sie zusammensetzen. Dafür biegst du das untere Drittel deiner Schnecke nach hinten und setzt dann das Biskuitröllchen darauf.

Zuckersüß

Veranstalte ein Schokokuss-Wettessen mit deinen Freunden. Jeder bekommt einen Teller mit einem Schokokuss darauf. Dann die Hände hinter den Rücken und... Auf die Plätze... fertig... los!

Schokokusshörnchen

**Diese entzückenden Schaumträume heben dich
in einen klebrigsüßen Schokohimmel.**

1. Zuerst trennst du die Eier und schlägst das Eiweiß mit einer Prise Salz sehr schaumig auf. Gib Zucker, Vanillezucker und 40 ml Wasser in einen Topf und koche das Ganze zu einem Zuckersirup.

2. Hebe den heißen Sirup nach und nach unter das Eiweiß, das verleiht ihm Festigkeit. Füge der Schaummasse noch ein Tütchen Gelatine hinzu.

3. Dein Schaum ist fertig. Ab damit in den Kühlschrank! Nach ca. einer Stunde sollte dein Schaum schön fest sein.

4. Stell die Waffelhörnchen zurecht und füll die Schaummasse in einen Spritzbeutel mit großer Tülle ein. Dann spritzt du die Schokokussfüllung in die Hörnchen. Deine Schokoküsse müssen jetzt noch mal eine halbe Stunde in den Kühlschrank.

5. In der Zwischenzeit schmilzt du die Schokolade im Wasserbad oder in der Mikrowelle (siehe Seite 103) und lässt sie soweit abkühlen, dass sie gerade noch schön flüssig ist. Nun kannst du die kleinen Schaumberge, die aus den Hörnchen ragen, mit weißer oder Vollmilch-Schokolade überziehen. Wenn du Lust hast, verziere deine Schokoküsse noch mit bunten Zuckerperlen. Fertig sind deine Schokokussträume!

Du benötigst dafür:

- 4 Eiweiß
- Prise Salz
- 30 g Gelatine
- 110 g Zucker
- Päckchen Vanillezucker
- 100 g Vollmilchschokolade
- 100 g weiße Schokolade
- Schokoladen-Waffelbecher
- Zuckerperlen
- Spritzbeutel mit großer Tülle

Süßkram

Sahniges Erdbeereis

Marshmallow-Pralinen

Glücksgummis

Nougat-Trüffelchen

Knisterschokolade

Schokokuss-Eulen

Marzipan-Fliegenpilze

Sahniges Erdbeereis

Superschnelles, supercremiges Eisglück für superheiße Sommertage.

Du benötigst dafür:

- 200 ml Sahne
- 500 g Erdbeeren
- 50 g Zucker
- Zuckerstreusel
- feste Muffin-Papierförmchen, ø 5 cm
- Papierstrohhalme in Rosa-Weiß gestreift
- Pürierstab

1. Dieses Eis ist ratzfatz gemacht und schmeckt absolut himmlisch. Zuerst schneidest du das Grün von den Erdbeeren ab, dann pürierst du die Früchte mit dem Pürierstab.

2. Gieße die Sahne dazu und anschließend den Zucker. Fertig ist die Eis-Grundmasse. Schütte sie vorsichtig in die Papierförmchen.

3. Für die Eisstiele schneidest du ca. 10 cm lange Stücke von den Papierstrohhalmen ab. Stecke die Stiele dann mittig in die Eisförmchen.

4. Stell das Ganze für ca. 45 Minuten ins Gefrierfach. Dann kannst du das Eis am Stiel aus der Form herausziehen und es einmal kurz in den Zuckerstreuseln wälzen. Fertig ist dein eiskalter Erdbeertraum.

Zuckersüß

Du kannst natürlich auch Himbeeren oder Bananen für das Eis verwenden oder die Sahne weglassen. Probier einfach ein bisschen herum und finde raus, was dir am besten schmeckt.

Marshmallow-Pralinen

**Rosarotes Zuckerglück mit fester Hülle und weichem Kern –
Augen zu und langsam genießen!**

1. Zuerst schmilzt du eine Ladung rosafarbene und weiße Candy Melts in der Mikrowelle oder im Wasserbad (siehe Seite 103). Lass die geschmolzene Schokolade gut abkühlen. Sie sollte noch flüssig sein, aber schon Raumtemperatur haben.

2. Stecke jeweils einen Marshmallow auf die Spitze eines Schaschlikspießes und tunke ihn dann in die Schokolade. Schüttle die überschüssige Schokolade ab, indem du mit dem Spieß auf den Schüsselrand klopfst. Dann steckst du den Spieß zum Trocknen in ein Stück Styropor.

3. Ist die Schokolade auf allen Marshmallows fest geworden, kannst du die Pralinen vom Spieß nehmen und auf Backpapier legen, denn jetzt geht's ans Verzieren.

4. Bestreiche die Oberfläche deiner Pralinen mit Schokolade und lass Streusel darüber rieseln. Du kannst auch eine Gabel in die Schokolade tauchen und dann über den Pralinen hin- und herwedeln, sodass dünne Streifen entstehen.

5. Zum Schluss legst du jede Praline in ein Pralinenförmchen und suchst dir eine schöne Schachtel. Dann hast du die Qual der Wahl – auffuttern oder verschenken.

Du benötigst dafür:

- Marshmallows
- 200 g Candy Melts in Rosa und Weiß
- verschiedene Zuckerstreusel
- Schaschlikspieße
- Gabel
- Papier-Pralinenförmchen, ⌀ 4 cm
- Styroporplatte

Glücksgummis

**Diese individuellen Glücksgummis verbannen die alten
Gummibären ganz bestimmt auf die hinteren Plätze!**

Du benötigst dafür:

- 24 Blatt Gelatine
- 200 g Zucker
- 200 ml Fruchtsirup
- 4 EL Zitronensaft
- Keramik-Auflaufform
- kleine Ausstecher

1. Zuerst lässt du die Gelatine in kaltem Wasser einweichen. In der Zwischenzeit gibst du 200 g Zucker und 120 ml Wasser in einen Topf und lässt die Mischung aufkochen.

2. Rühre mit einem Schneebesen noch 200 ml Sirup dazu. Waldmeister-, Himbeer- oder Maracujasirup – erlaubt ist, was dir schmeckt!

3. Löse die Gelatine auf und rühre sie zusammen mit 4 EL Zitronensaft unter die Sirupmasse. Verrühre alles gut und schütte das Gemisch in eine Keramik-Auflaufform. Dann ab damit in den Kühlschrank.

4. Ist die Gummimasse fest geworden, kannst du mit kleinen Ausstechformen Figuren ausstechen, Wolken, Bonbons, Herzchen – was immer dir gefällt. Und jetzt einfach reinbeißen!

Lecker!

Nougat-Trüffelchen

**Schokoliebhaberinnen aufgepasst, denn hier kommen
kleine Genussbällchen angekullert…**

1. Zuerst zerkleinerst du die Schokolade vorsichtig mit einem Messer auf einem Schneidebrett, dann schmilzt du sie langsam über einem Wasserbad oder in der Mikrowelle (siehe Seite 103).

2. Nimm die Schüssel mit der geschmolzenen Schokolade aus dem Wasserbad heraus und rühre noch Sahne und einen Löffel Butter unter.

3. Diese Trüffelmasse sollte nun bei Zimmertemperatur abkühlen. Dann stichst du mit einem Teelöffel walnussgroße Stücke ab. Forme sie mit den Händen zu Kugeln, die du dann in den gemahlenen Haselnusskernen wälzt. Jetzt sind die Nougat-Trüffelchen fertig zum Probieren. Köstlich!

Du benötigst dafür:

- 200 g Nougatschokolade
- 50 g Zartbitterschokolade
- 120 ml Sahne
- 1 EL Butter
- 100 g gemahlene Haselnusskerne

Zuckersüß

Wickle jeden Trüffel einzeln in ein Stückchen Alufolie ein und verziere ihn dann mit einem Aufkleber oder Glanzbild. So verwandeln sich die süßen Kugeln in ein echtes Stargeschenk!

Knisterschokolade

**Diese schmucken Törtchen haben es faustdick hinter den Ohren.
Steckst du sie in den Mund, beginnt das große Knistern!**

Du benötigst dafür:

- 100 g Candy Melts in Grün, Rosa, Gelb und Rot
- 75 g Knisterzucker
- Silikon-Mini-Cannelés-Form

1. Pro Knistertörtchen brauchst du etwa 30 g Schokolade. Schmilz die Candy Melts nach Farben getrennt in der Mikrowelle oder im Wasserbad. Achte darauf, dass sie nicht zu heiß werden.

2. Rühre je einen Teelöffel Knisterzucker unter die geschmolzene Schokolade. Dann füllst du die Schokolade in die Förmchen und stellst sie kalt.

3. Erst wenn die Schokolade richtig fest geworden ist, lässt sie sich problemlos aus der Silikonform herausdrücken. Und dann ab in Mund damit und das Knister-Feuerwerk genießen!

Zuckersüß

Die Knisterschokolade ist auch ein tolles Mitbringsel! Such dir eine alte Pappschachtel und beklebe sie mit Geschenkpapier-resten. Jetzt die Schokolade darin verpacken – und verschenken!

Schokokuss-Eulen

Diese charmanten Flattermänner werden aus Schokoküssen gezaubert und sind ein echter Hingucker.

Du benötigst dafür:

1. Rolle die Fondantmasse auf einem Stück Frischhaltefolie aus. Mit Hilfe kleiner Ausstecher kannst du Blüten oder Kreise für die Augen und Flügel ausstechen.

2. Für die Füße rollst du eine kleine Kugel aus der Fondantmasse, drückst sie platt und schneidest mit dem Messer ein Drittel davon ab. Für den Schnabel schneidest du ein spitzes Dreieck aus der Fondantmasse.

3. Um die Einzelteile an der Eule zu befestigen, tauchst du einen dünnen Pinsel in Wasser und befeuchtest die Rückseite deiner Verzierungen. Dann drückst du sie an die Eule. Sie haften jetzt von selbst.

4. Mit einem schwarzen Lebensmittelstift malst du deinen Eulen noch Pupillen auf und fertig sind die süßen Piepmätze.

- Mini-Schokoküsse in Weiß
- Fondantmasse in verschiedenen Farben
- Lebensmittelstift in Schwarz
- Blütenausstecher mit Auswerfer
- Ausstecher Kreis, ø ca. 13 mm und ca. 20 mm
- Messer
- dünner Pinsel

Marzipan-Fliegenpilze

Hereinspaziert in die zuckersüße Knetwerkstatt mit Glücksfaktor.
Diese Fliegenpilzvariante ist garantiert ungiftig!

Du benötigst dafür:

- 200 g Marzipanrohmasse
- 200 g Puderzucker
- 3 TL Rosenwasser
- Candy Melts in Rot und Weiß
- Zuckerperlen in Weiß
- Zahnstocher
- Styroporblock
- Sieb

1. Zuerst teilst du die Marzipanrohmasse mit einem Messer in kleine Stücke und siebst dann den Puderzucker darüber. Füge noch drei Teelöffel Rosenwasser hinzu. Verknete das Ganze mit deinen Händen so lange, bis sich alle Zutaten zu einer Masse verbunden haben.

2. Jetzt stellst du die Marzipanmasse für ca. eine halbe Stunde in den Kühlschrank. Und dann ran an die Pilze!

3. Forme mit den Händen Pilze in unterschiedlichen Größen. Dafür rollst du eine Kugel und eine Wurst. Von der Kugel schneidest du ein Drittel oder auch die Hälfte ab und verbindest den Pilzkopf mit der Wurst. Fertig ist dein Pilz.

4. Jetzt stellst du die Marzipanpilze in einer Plastikschale in den Gefrierschrank und wartest wieder eine halbe Stunde. Diese Zeit nutzt du, um die Candy Melts – nach Farben getrennt – zu schmelzen.

5. Tunke zuerst die Pilzstiele in weiße Schokolade und warte, bis die Schokolade erkaltet ist. Dann stichst du einen Zahnstocher als Stiel von unten in den Pilzstängel, dippst den Pilzkopf in rote Schokolade und streust schnell ein paar Zuckerkügelchen darüber. Bis die Schokolade fest geworden ist, steckst du den Pilz auf ein Stück Styropor.

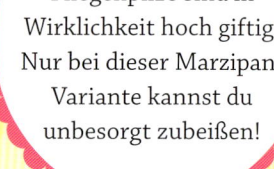

Achtung!

Fliegenpilze sind in Wirklichkeit hoch giftig! Nur bei dieser Marzipan-Variante kannst du unbesorgt zubeißen!

Zuckerbäckerei

Bauchladen

Blumiges Schokofondue

Bunte Kochmütze

Luxusschürze

Back-Party

Kuscheltier-kränzchen

Schokoladen-Mini-Piñata

Partyspaß und Spielerei

Zuckerbäckerei

Willkommen im Schlaraffenland. Diese Zuckerbäckerei hat lauter Köstlichkeiten im Angebot. Ein Verkaufsstand zum Spielen.

1. Zuerst verpasst du dem Pappkarton einen Anstrich in Rosa. Lass die Farbe gut trocknen. Dann kannst du die beiden Besenstiele nach Lust und Laune mit Masking Tape oder Geschenkpapierresten bekleben.

2. Schneide die Dreiecke für die Wimpelkette der Vorlage nach aus Geschenkpapier aus, falte die doppelten Dreiecke jeweils aufeinander und klebe die Schnur in der mittigen Knickkante fest. Du brauchst ca. sieben Wimpel für die Kette.

3. Knote die Wimpelkette oben an den Besenstielen fest und schneide mit einem Cuttermesser links und rechts auf dem Karton zwei Löcher für die Stiele aus dem Pappkarton heraus.

4. Jetzt kannst du das Ladenschild für deinen Verkaufsstand der Vorlage nach aus Fotokarton ausschneiden und mit Tafelfarbe anmalen. Ist die Farbe trocken, kannst du das Schild mit doppelseitigem Klebeband an deinem Stand befestigen. Jetzt noch schnell ein paar Gläser mit Süßkram füllen und deinem Spielvergnügen steht nichts mehr im Wege.

Du benötigst dafür:

- Pappkarton, ca. 100 cm x 70 cm x 70 cm
- Acryllack in Rosa
- 2 Besenstiele (z.B. aus dem Baumarkt)
- Fotokarton
- Tafelfarbe in Hellblau
- Geschenkpapierreste
- Masking Tape nach Wunsch
- Schnur, ca. 130 cm lang
- Cuttermesser mit Schneideunterlage

Vorlagen Seite 108

Zuckersüß

Bestimmt kannst du mit einem so schönen Stand deine selbstgemachten Süßigkeiten an Nachbarn verkaufen oder auf dem nächsten Schulfest viele Kinder glücklich machen.

Bauchladen

Süßigkeitenverkäufer ist dein Traumberuf? Dann lass Träume wahr werden und bau dir diesen Bauchladen.

1. Als Erstes trennst du den Deckel von der Kiste. Am einfachsten geht das mit einem Schraubenzieher. Lass dir dabei ruhig von einem Erwachsenen helfen.

2. Dann kannst du den Pinsel schwingen und sowohl den Deckel, als auch die Kiste anstreichen. Lass alles gut trocknen, am besten über Nacht.

3. Klebe den Deckel mit Kraftkleber als Bauchladen-Rückwand an eine Längsseite der Holzkiste. Dann machst du einen Knoten in das Gurtband und klebst es mit Kraftkleber an der Unterseite deines Bauchladens fest.

4. Für Lollis, Cakepops und andere Süßigkeiten mit Stiel baust du dir noch einen schicken Halter. Dafür umwickelst du den Blumensteckschaum-Block mit Alufolie. Dann verzierst du das Ganze mit Masking Tape und befestigst den Block mit Kraftkleber in einer Ecke des Bauchladens.

Blumiges Schokofondue

**Ein Riesen-Partyspaß für kleine Schleckermäuler.
Aufspießen, dippen, genießen.**

1. Lass die Sahne in einem Topf kurz aufkochen. Zerkleinere die Schokolade mit einem Messer auf einem Schneidebrettchen, dann wandert sie in den Topf zur Sahne.

2. Rühre das Ganze so lange um, bis sich die Schokolade vollständig in der Sahne aufgelöst hat. Nimm den Topf vom Herd, damit alles gut abkühlt. Jetzt kannst du die Obstspieße vorbereiten.

3. Dafür schnipselst du verschiedene Früchte in mundgerechte Stücke. Für die dekorativen Blumenspieße schneidest du der Vorlage nach aus Fotokarton Blüten und Blätter zurecht.

4. Dann geht es ans Aufspießen. Zuerst ist das Blatt dran, dann die Blüte. Stich einfach mittig mit dem Schaschlikspieß hindurch. Dann kannst du nach Lust und Laune die Fruchtstücke darüber stapeln.

5. Füll die Schokoladensoße in eine große Schüssel und dann...
lasst es euch schmecken!

Du benötigst dafür:

- 200 g Vollmilchschokolade
- 200 ml Schlagsahne
- Obst nach Geschmack
- Schaschlikspieße
- Bunter Fotokarton
- Schere

Vorlagen Seite 109

Zuckersüß

Für ein echtes Luxusfondue kannst du auch Kekse und Kuchenstückchen in die Schokolade tauchen. Auch weiße Schokolade schmeckt prima. Tüftle einfach ein bisschen herum.

Bunte Kochmütze

**Schicker Zuckerbäcker-Look für kleine Fräuleins.
Ruck zuck gemacht!**

Du benötigst dafür:

- Einweg-Kochmützen aus Papier
- Masking Tape nach Wunsch
- Muffin-Förmchen aus Papier in verschiedene Größen
- Klebestift
- Bürohefter

1. Probier deine Kochmütze erst mal an. Wenn sie passt, kannst du direkt loslegen, sonst musst du sie noch auf die richtige Größe zurechtschieben. Dann umklebst du deine Mütze wie auf dem Foto zu sehen mit Masking Tape deiner Wahl.

2. Jetzt fehlt noch die Blume aus Muffin-Förmchen. Dafür stülpst du Muffin-Formen verschiedener Farben und Größen um und legst sie übereinander. Starte mit der größten Form und nehme dann nach und nach die nächstkleinere.

3. Falls du keine unterschiedlichen Größen hast, kannst du tricksen. Schneide die Muffinförmchen einfach ein bisschen kleiner. Du solltest ungefähr 6-8 Lagen zusammen bekommen. Wenn dir deine Blume gefällt, klebst du die Lagen mit einem Klebestift übereinander.

4. Dann heftest du deine Muffin-Blume an der Kochmütze fest, biegst die Förmchen nach innen und klebst noch einen Muffin-Boden über die Heftklammern. Die Back-Party kann losgehen!

Zuckersüß

Die Kochmütze ist ein prima Geschenk für deine Freundinnen, wenn du eine Back-Party veranstaltest. Du kannst auch noch eure Namen darauf schreiben oder kleben.

Luxusschürze

Schürzen sind praktisch, aber diese hier ist auch noch ungemein schick, bunt und einzigartig! Genau das Richtige für angehende Zuckerbäckerinnen.

1. Zuerst reißt du die Stoffreste in ca. 150 cm x 7 cm lange Streifen. Du brauchst neun verschiedene Stoffe. Um daraus Rüschen zu machen, ist die Nähmaschine gefragt. Lass dir ggf. von einem Erwachsenen helfen.

2. Schneide neun ca. 65 cm lange Gummibänder zurecht. Dann legst du einen Stoffstreifen auf links vor dich hin und das Ende eines Gummibandes auf eine Ecke der Stoff-Längsseite.

3. Näh den ersten Zentimeter des Gummibandes vorsichtig fest. Dann nähst du weiter und ziehst mit der rechten Hand leicht an dem Gummifaden, während die linke Hand hinter der Nähmaschine den Stoff führt. Am Ende der Bahn wirst du eine schöne Rüsche genäht haben. Weiter geht es mit dem nächsten Stoffstreifen.

4. Wenn du alle neun Stoffstreifen auf diese Weise zu Rüschen genäht hast, kannst du sie auf die Schürze aufnähen. Beginne mit dem ersten Rüschenstreifen am unteren Schürzenrand. Leg ihn an Ort und Stelle, steck ihn mit Stecknadeln fest und näh ihn dann auf.

Du benötigst dafür:

- Kinderbaumwollschürze, 50 cm x 60 cm
- Nähmaschine
- Gummiband, 7 m x 5 mm oder Framilonband, 7 m x 10 mm
- verschiedene Stoffreste, je 150 cm x 7 cm
- Stecknadeln
- Garn

Back-Party

Alleine Backen ist nur der halbe Spaß. Lad deine Freundinnen zu einem krümelmonstermäßigen Backnachmittag ein.

Du benötigst dafür:

- Butterkeks-Grundteig (siehe Seite 105)
- Zuckerguss in verschiedenen Farben
- Zuckerperlen und andere Verzierungen
- verschiedene Ausstecher
- Einweg-Spritzbeutel
- Backpapier
- Nudelhölzer

1. Für diesen tollen Backnachmittag brauchst du ein bisschen Vorbereitungszeit. Denn zwei Dinge solltest du unbedingt fertig haben, bevor die Party steigt: den Keksteig und den Zuckerguss. Ein Rezept für die Kekse findest du auf Seite 105 und wie der Zuckerguss genau richtig wird, steht auf Seite 104.

2. Sorg für eine Plastikdecke, auf der ihr euren Teig ausrollen könnt, und für ausreichend Nudelhölzer. Dann brauchst du natürlich Ausstecher – am besten ganz verschiedene.

3. Zum Verzieren kannst du den bunten Zuckerguss schon in kleine Spritzbeutel packen, so wird das Verzieren tatsächlich zum Kinderspiel.

4. Eine Auswahl an Zuckerstreuseln und Süßigkeiten, die sich als Verzierung eignen, kannst du in kleinen Schälchen bereitstellen. Ihr könnt sie später auf den noch feuchten Zuckerguss streuen.

5. Zuletzt stellst du noch leere Bleche mit Backpapier bereit. Nichts vergessen? Dann kann die Party steigen!

Kuscheltierkränzchen

Vorsicht süß! Und wer ist süßer?
Die Himbeerlimonade oder diese Kuschelviecher?

1. Veranstalte einen Lieblingskuscheltier-Nachmittag mit deinen Freundinnen. Wie das geht? Jede von euch bringt ein Kuscheltier mit und dann deckt ihr euren Lieblingen eine schicke Kaffeetafel.

2. Ihr könnt euren süßen Viechern auch die Minicupcakes von Seite 24 backen, die haben die perfekte Kuscheltiergröße. Statt Kaffee gibt's heute einen Getränketraum in Rosa.

3. Bereite Zitronenlimonade mit einem Hauch rosa Himbeersirup zu. Dafür gießt du eine Flasche Mineralwasser in eine Kanne und gibst fünf Esslöffel Zitronensirup dazu. Verrühr das Ganze gut.

4. Jetzt kommt noch ein Esslöffel Himbeersirup dazu, damit die Limonade eine schöne Farbe bekommt. Dann presst du eine Zitrone aus und schüttest den Zitronensaft auf eine Untertasse oder in eine kleine Schale.

5. Jetzt füllst du noch Zuckerstreusel in eine kleine Schale. Dann schnappst du dir die Puppengläschen und tunkst sie mit der Öffnung erst in den Zitronensaft und dann in die Zuckerperlen.

6. Zum Schluss musst du nur noch die Limonade in die Gläser füllen und einen Strohhalm zurechtschneiden. Prost!

Du benötigst dafür:

- 5 EL Zitronensirup
- 1 EL Himbeersirup
- Biozitrone
- 1 l Mineralwasser
- Zuckerstreusel

Schokoladen-Mini-Piñata

**Wer sagt, dass Überraschungen immer in Eiern stecken müssen?
In diesen Schokoladenblumen verbergen sich
unerwartete Kostbarkeiten.**

Du benötigst dafür:

- Silikon-Backform Blumen
- 400 g Vollmilchschokolade
- Kekse in passender Größe
- Schokolinsen
- Süßigkeiten und kleine Überraschungen

1. Als Erstes zerkleinerst du die Schokolade mit einem Messer und schmilzt sie im Wasserbad oder in der Mikrowelle (siehe Seite 103). Dann lässt du die Schokolade ein wenig abkühlen.

2. Fülle eine Silikonform mit etwa einem Viertel der flüssigen Schokolade und schwenk die Form so hin und her, dass sich die Schokolade einmal über die ganze Innenseite der Form verteilt.

3. Stell das Ganze zum Erkalten in den Kühlschrank. Dann geht es in die nächste Runde: Wieder schüttest du eine Ladung Schokolade in die Form und lässt sie erkalten. Das wiederholst du insgesamt viermal.

4. Um die Schokoladenschalen aus der Silikonform zu lösen, drückst du von außen an verschiedenen Stellen vorsichtig auf die Form, bis die Schokolade von allein herausrutscht. Dann füllst du die Schokoschalen mit Süßigkeiten und kleinen Überraschungen und legst vorsichtig einen passenden Keks darüber.

5. Dreh deine Schokoladen-Piñata jetzt wieder um, sodass nur noch die Schokoladenkuppel sichtbar ist. Verziere die außergewöhnliche Piñata noch mit Schokolinsen oder anderen Süßigkeiten. Einfach mit einem Pinsel einen Tropfen flüssige Schokolade auftragen, Schokolinse vorsichtig darauf drücken und warten, bis die Schokolade fest geworden ist.

Glücksdekoration

Tortenverschönerung

Party-Dekoration

Tierparade

Kuchen-Madame

Elegante Etagere

Tortenverschönerung

Mit Wimpelkette und Pompongirlande kannst du aus einfachen Kuchen festliche Meisterwerke zaubern.

1. Für die Wimpelkette schneidest du ein ca. 30 cm langes Stück Schnur zurecht. Lass rechts und links jeweils 5 cm vom Schnurende frei.

2. Den Rest des Bandes beklebst du mit Masking-Tape-Streifen, die du doppelt über die Schnur faltest. Schneide von unten ein Dreieck heraus, sodass aus den Streifen kleine Fähnchen werden.

3. Zum Schluss schneidest du mit einer Schere zwei Papierstrohhalme am oberen Rand etwas ein und verknotest dort jeweils ein Schnurende.

4. Für die Pompongirlande wickelst du einen Wollfaden um die Zacken einer Gabel herum, bis ein kleines Knäuel entstanden ist. Dann fädelst du das Ende vom Wollfaden durch die kleine Lücke zwischen der unteren, mittleren Gabelöffnung und verknotest dein Wollbündel gut.

5. Jetzt ziehst du es von der Gabel herunter und schneidest die Schleifen rechts und links von deinem Knoten auf, sodass ein Pompon entsteht. Auf diese Weise fertigst du neun Pompons.

6. Zieh einen ca. 30 cm langen Wollfaden durch eine dicke Sticknadel. Fädele die fertigen Wollkugeln auf und befestige die Enden, wie oben bei der Wimpelkette beschrieben, an den Papierstrohhalmen.

Du benötigst dafür:

- Masking Tape nach Wunsch
- Wolle in Regenbogenfarben
- Bakers Twine oder Schnur, 60 cm lang
- Papierstrohhalme
- Gabel
- Sticknadel oder dicke Nadel
- Schere

Zuckersüß

Torten für den richtigen Auftritt deiner Verzierungen findest du auf Seite 23 und 31.

Party-Dekoration

Ob Geburtstag, Kaffeekränzchen oder Sommerpicknick, diese schmucke Deko sorgt auf jeden Fall für Stimmung!

Du benötigst dafür:

- dünne Schnur in Gelb
- Papier-Muffinförmchen in verschiedenen Größen
- Holzperlen, ø 0,5 cm
- Glasperlen, ø 1 cm
- Pompons, ø 1 cm
- Dekoband in Gelb-Weiß kariert
- Sticknadel

1. Schneide zehn Schnüre in unterschiedlichen Längen zu (zwischen 45 cm und 60 cm lang). Fädle eine Schnur durch das Nadelöhr und mach einen Knoten in eines der beiden Enden.

2. Jetzt fädelst du nach Lust und Laune Holz- oder Glasperlen auf. Nach jeweils zwei oder drei Perlen machst du mit etwas Abstand zu den Perlen einen Knoten in den Faden, damit sie nicht verrutschen.

3. Dann stichst du mit der Nadel durch die Bodenmitte eines Muffinförmchens. Es hängt dann ein bisschen so wie eine Glocke an deiner Schnur.

4. Zum Abschluss kommen noch ein bis drei Perlen oder Pompons auf das restliche Stück Schnur. Genauso gehst du mit den anderen Schnüren vor.

5. Spanne ein langes Stück Dekoband dort auf, wo deine Girlande baumeln soll und knote ein Muffinglöckchen nach dem anderen im Abstand von je ca. 25 cm daran fest. Bereit für die Party?

Tierparade

Tä-rääää! Hier kommt gleich ein ganzer Zoo voller Gratulanten.
Ob als Geburtstagskerzenhalter oder Kuchendekoration,
diese Tiere sind der Hit jeder Party.

1. Um aus einfachen Plastiktieren tolle Kerzenhalter zu basteln, brauchst du nur einen Kastanienbohrer und Geburtstagskerzen mit Halter.

2. Bohre mittig ein Loch in den Rücken der Tiere. Dann steckst du zuerst den Kerzenhalter hinein und danach die Kerzen in den Halter. Fertig ist dein Gratulier-Tier.

3. Die Tiere eignen sich auch als hübsche Dekoration auf kleinen Törtchen oder als nettes Mitbringsel. Für diese Variante bohrst du ein Loch in die Unterseite der Tiere.

4. In das Loch steckst du einfach einen Zahnstocher hinein. Jetzt lassen sich die Gratulanten in jedes beliebige Törtchen stecken.

Du benötigst dafür:

- verschiedene Plastik-Tierfiguren
- Zahnstocher
- Geburtstagskerzen und -halter
- Kastanienbohrer, Ø 2 mm

Zuckersüß

Wenn du die Plastiktiere auf die Deckel von leeren Marmeladengläsern klebst und die Deckel samt Tier mit Acryllack anpinselst, hast du eine schöne Geschenkverpackung für Süßigkeiten aller Art.

Kuchen-Madame

Diese Gratulantin hat sich besonders hübsch herausgeputzt und zur Feier des Tages ein schickes Muffin-Röckchen angezogen.

Du benötigst dafür:

- Figurenkegel, 73 mm lang
- Wäscheklammer
- Holz-Wäscheklammer mit Rundkopf, 95 mm lang
- Acrylfarbe in Rosa, Gelb, Rot und Hellblau
- Papier-Muffinförmchen
- Stoffrest in Rosa-Weiß kariert
- Satinband in Pink, 6 mm breit
- Chenilledraht in Hellrosa
- Geburtstagskerze mit Halter
- Zahnstocher
- Geschenkpapierrest
- Alleskleber
- Heißkleber

1. Male das obere Drittel des Figurenkegels mit rosafarbener Acrylfarbe an, die Holz-Wäscheklammer bekommt einen gelben Anstrich. Wenn alles gut getrocknet ist, malst du deiner Figur noch Haare und ein Gesicht auf. Den Rest des Kegels beklebst du mit einem Stoffrest deiner Wahl.

2. Jetzt klebst du den Kopf der Holzklammer in den Bauch des Figurenkegels. Nimm ein Muffinförmchen und schneide es in der Mitte 1 cm breit kreuzförmig ein. Dann steckst du die Beine deiner Figur hindurch und klebst das Röckchen am Oberkörper fest.

3. Binde eine Mini-Schleife aus Satinband und klebe sie als Haarband an den Kopf deiner Kuchendame. Aus einem kleinen Stück Geschenkpapier schneidest du ein Fähnchen zurecht und klebst es an ein Zahnstocher-Ende.

4. Nun fehlen nur noch die Arme. Dafür kürzt du ein Stück Chenilledraht auf ca. 13 cm Länge. Das eine Drahtende wickelst du um den Kerzenhalter, das andere um das Fähnchen. Die Arme klebst du mit Heißkleber an die Rückseite der Figur. Am besten lässt du dir dabei von einem Erwachsenen helfen!

Zuckersüß

Wenn du unterschiedlich große Figurenkegel nimmst, kannst du auf die oben beschriebene Weise eine ganze Gratulantenschar basteln!

Elegante Etagere

Große Leckereien-Präsentation – und das gleich auf zwei Etagen!

1. Schneide von einer leeren Küchenrolle ein ca. 1,5 cm breites Röllchen ab (das brauchst du später für den Tragegriff der Etagere) und beklebe den Rest der Rolle ringsum mit Geschenkpapier deiner Wahl.

2. Das 1,5 cm breite Röllchen schneidest du auf und beklebst es mit Masking Tape. Dann befestigst du es ebenfalls mit Masking Tape in eine der Papprollen-Öffnungen.

3. Jetzt schneidest du aus einem Pappkarton oder aus fester Pappe zwei Kreise (Durchmesser ca. 20 cm und 25 cm) der Vorlage nach aus. Dann schneidest du mittig einen 4,5 cm großen Kreis aus beiden Pappkreisen aus und pinselst sie mit rosa Acrylfarbe an.

4. Stecke die Papprolle zunächst durch das Loch des kleineren Kreises. Der Tragegriff zeigt dabei nach oben. Klebe den Pappkreis im Abstand von 10 cm zum oberen Rollenende mit Heißkleber fest. Lass das am besten einen Erwachsenen machen.

5. Dann steckst du die Rolle durch den zweiten Pappkreis und lässt 4,5 cm Abstand zum unteren Ende der Rolle. Wieder wird der Pappkreis mit Heißkleber an der Rolle befestigt. Zum Schluss veredelst du deine Etagere noch mit dem pinkfarbenen Pomponband. Ist der Kleber getrocknet, kannst du nach Herzenslust süße Köstlichkeiten dekorieren.

Du benötigst dafür:

- leere Küchenrolle
- Pappkarton
- Geschenkpapier, A4
- Acrylfarbe in Rosa
- Pomponband in Pink, ca. 150 cm lang
- Masking Tape in Rosa
- Alleskleber
- Heißkleber

Mitbringsel

- Kaugummi-Halsketten
- Schmetterlings-Tüten
- Zuckerstangen
- Eis-Glück-Köfferchen
- Zuckertüten
- Kaugummi-automat
- Eis-Schmuck

Kaugummi-Halsketten

Multitalent! Diese Kette lässt dich nicht nur schick aussehen, du kannst sie auch noch vernaschen.

Du benötigst dafür:

- Kaugummikugeln in verschiedenen Farben
- Prickelnadel
- Nähnadel mit breitem Nadelöhr
- Satinband in Pink, 6 mm breit
- Filz- und Häkelblumen
- Alleskleber

1. Zuerst durchstichst du jede Kaugummikugel mit einer Prickelnadel, so werden aus deinen Kaugummis Perlen. Dann legst du die Kugeln in der von dir gewünschten farblichen Reihenfolge vor dich hin.

2. Schneide dir ein ca. 50 cm langes Stück Satinband zurecht und fädle es durch das Nadelöhr deiner Nadel. 15 cm vor dem Ende des Satinbands machst du einen Knoten.

3. Los geht's: Stich mit der Nadel durch deine erste Kaugummikugel und schieb sie das Satinband entlang. Mach direkt hinter der Kugel einen Knoten in das Band.

4. Weiter geht es mit der nächsten Kugel: Fädle sie auf und mache einen Knoten in das Satinband. In dieser Reihenfolge (Kugel, Knoten, Kugel, Knoten etc.) arbeitest du weiter, bis du alle Kugeln aufgereiht hast.

5. Dann entfernst du die Nadel aus dem Band und verknotest beide Enden des Satinbands miteinander. Zum Schluss klebst du noch mit Alleskleber hübsche Deko-Blümchen an deine Kette.

Zuckersüß

Besonders gut macht sich dieses Mitgebsel in einer zur Kette passenden Schmuckverpackung!

87

Schmetterlings-Tüten

**Diesen Flattermännern kann niemand widerstehen.
Ein Mitbringsel für Groß und Klein.**

1. Beklebe Vorder- und Rückseite der Wäscheklammern mit Masking Tape deiner Wahl. Dann nimmst du dir die Wattekugeln vor: Male ihnen mit Acrylfarbe Schmetterlingsgesichter auf und lass die Farbe gut trocknen.

2. Für die Fühler schneidest du je zwei ca. 4 cm lange Stücke Chenilledraht zurecht. An das eine Ende der Drähte klebst du jeweils einen Pompon. Stich mit einer Nadel zwei Löcher für die Fühler in den Schmetterlingskopf und stecke die Drahtenden in diese vorgebohrten Löcher.

3. Jetzt füllst du die Klarsichtbeutel zu einem Drittel mit Süßigkeiten. Schneide ein Drittel vom oberen Tütenrand ab, klappe die Tüte nach hinten um, sodass die Ränder aufeinander liegen und klebe sie mit Klebefilm am Boden der Tüte fest.

4. Verteile die Süßigkeiten in der Tütenmitte ein bisschen auseinander und forme zwei Schmetterlingsflügel. Dann schiebst du die Wäscheklammer in die Mitte der Tüte. Schneide die Wattekugel an der Unterseite etwas auf und klebe sie als Kopf auf die vordere Wäscheklammerspitze.

Zuckersüß

Für die Befüllung der Tüten gilt: Erlaubt ist, was schmeckt und gefällt! Schokolinsen, Gummi-bärchen, Kaugummis, Nüsse etc. Vielleicht willst du auch deine selbstgemachten Glücksgummis von Seite 45 darin verpacken?

Zuckerstangen

Hier tanzt keiner aus der Reihe… aber vielleicht in deinen Mund?
Diese Geschenkchen sind im Nu herbeigezaubert.

Du benötigst dafür:

- Schaschlikspieße
- Zellophantüten
- Satinband, 7 mm
- Schaumgummis
- Fruchtgummis
- Brause-Ufos
- Marshmallows

1. Diese Zuckerstangen kannst du ganz nach deinen Wünschen gestalten: Sortiere die Süßigkeiten nach Farbe oder Größe oder reihe einfach nur deine Lieblingssüßigkeiten auf.

2. Pro Stange brauchst du zwischen sechs und neun Süßigkeiten. Leg sie in der gewünschten Reihenfolge vor dich hin. Dann nimmst du einen Schaschlikspieß und reihst den Süßkram nacheinander auf.

3. Die oberste Süßigkeit durchbohrst du nicht ganz, sondern nur halb. So hast du einen schönen Abschluss für deine Zuckerstange.

4. Damit das Ganze noch ordentlich etwas hermacht, steckst du jeden Spieß in eine Zellophantüte und verschließt sie unten mit einer hübschen Schleife.

Zuckersüß

Du kannst auch Mini-Zuckerstangen auf diese Weise herstellen. Dazu nimmst du einfach viel kleinere Süßigkeiten und einen Zahnstocher anstelle des Schaschlikspießes.

Eis-Glück-Köfferchen

Stell dir vor, es ist heiß, sehr heiß. Wer würde sich da nicht über so ein hübsches Eisverzierungsköfferchen freuen?

1. Zuerst brauchst du einen kleinen Koffer, in dem Hörnchen, Streusel und Soßen gut Platz finden. Damit das Eisköfferchen besonders hübsch aussieht, füllst du deine Verzierungs-Zückerchen in Zellophantüten und klebst diese hinten mit einem Stück Klebeband zu.

2. In die kleinen Glasflaschen füllst du fertige Schokoladen- oder Vanillesoße. Auch Erdbeer- und Karamellsoße sind bestens geeignet.

3. Wenn du dein Eis-Glück-Köfferchen fertig gepackt hast, fehlt eigentlich nur noch das Eis. Entweder du schreibst das Erdbeersahneeis-Rezept von Seite 41 auf ein hübsches Papier und legst es mit in das Köfferchen oder du besorgst eine Ladung Eis im Supermarkt.

4. Schnell noch ein Schleifchen um den Koffer binden und schon kann er zu einem Freund oder einer Freundin deiner Wahl wandern und Sommerglück verbreiten.

Du benötigst dafür:

- kleiner Pappkoffer
- Papp-Eisbecher
- Eishörnchen
- Schokolinsen
- Zuckerperlen
- Eisschirmchen
- Plastikeislöffel
- Zellophantüten
- 2 kleine Glasflaschen
- Vanillesoße
- Schokoladensoße

Zuckertüten

Hübsch verpackt sehen auch die einfachsten Süßigkeiten aus wie kostbare Geschenke. Das Beste an dieser Verpackungsvariante: Sie geht ganz schnell.

Du benötigst dafür:

- Geschenkpapierrest
- bedrucktes Tonpapier
- Klebefilm
- Bürohefter

Vorlagen Seite 109

1. Schneide dir 11 cm x 6,5 cm große Stücke Geschenkpapier zurecht. Du kannst auch die Vorlage auf Seite 109 benutzen. Die beiden kurzen Seiten deines Vierecks legst du nun leicht überlappend übereinander, sodass eine Art Rolle entsteht.

2. Hefte zweimal entlang der sich überlappenden Enden. Jetzt sollte deine Rolle von selber halten. Drück eine Öffnung der Rolle zusammen und hefte sie zu. Befülle das so entstandene Täschchen mit kleinen Bonbons, Schokolinsen oder Gummibärchen.

3. Jetzt drückst du die Öffnung zusammen und zwar entgegengesetzt zu der bereits verschlossenen Öffnung. Hefte auch diese Öffnung zu, fertig ist deine zuckersüße Verpackung.

4. Für die Zuckertüten brauchst du ein Stück Geschenkpapier oder bedrucktes Tonpapier in der Größe 14,5 cm x 14,5 cm. Schneide es der Vorlage nach zurecht. Lass die runde Seite nach oben zeigen und falte dann die beiden seitlichen Ecken überlappend.

5. Hefte zwei- bis dreimal entlang der Überlappung und schon ist deine Zuckertüte fertig. Jetzt kannst du dich ans Befüllen machen.

Kaugummiautomat

**Bau dir eine zuckersüße Glücksmaschine im Kleinformat.
Ein tolles Mitgebsel für Kindergeburtstage!**

1. Zuerst klebst du die Holzkugeln oben mit Kraftkleber auf die leeren Schraubverschlüsse und lässt den Kleber gut trocknen.

2. Dann malst du den Pappbecher und den Schraubverschluss samt Holzkugel mit Acrylfarbe an. Vielleicht brauchen sie auch noch einen zweiten Anstrich.

3. Mit einem Motivstanzer stanzt du je einen welligen Kreis aus Fotokarton aus und klebst ihn auf die Vorderseite deines Kaugummiautomaten. Darauf befestigst du noch einen Knopf als Verzierung.

4. Öffne die Plastikkugel, befülle sie mit Kaugummis und stecke sie dann wieder zusammen. Bohre mit einer Schere mittig ein Loch in den Pappbecherboden und stecke die Spitze der Plastikkugel-Aufhängung hindurch.

5. Von der Rückseite fädelst du ein Stückchen Draht durch das Loch der Aufhängung, damit die Kugel auf dem Becher hält und nicht verrutscht.

Du benötigst dafür:

- Pappbecher, 9 cm hoch
- Plastikkugel, teilbar mit Aufhängung, ∅ 10 cm
- Schraubverschluss, ∅ 4 cm
- Holzkugel, ∅ 2 cm
- Fotokarton in Gelb
- Blumenknopf in Rosa
- Motivstanzer Scalloped Circle, ∅ 3,2 cm
- Alleskleber
- Kraftkleber
- Acrylfarbe in Rosa und Pink

Eis-Schmuck

Was darf`s denn heute sein? Eis am Stiel, im Hörnchen oder
ein Eisbecher? Egal, was du magst, diese kleinen Kunstwerke
schmilzen garantiert nicht!

Du benötigst dafür:

- Bügelperlen in verschiedenen Farben
- Spaltringe, ø 6 mm
- Kugelketten, 50 cm lang
- Bügeleisen
- Bügelperlenplatten mit geraden und versetzen Stiften
- Backpapier
- Zange

1. Zuerst legst du dir Bügelperlen in den Farben deiner Wahl zurecht. Schau dir die Motive auf dem Foto an und zähl genau nach, wenn du deine Perlen auf die Bügelperlenplatte steckst.

2. Für die Eistörtchen brauchst du eine Bügelplatte mit geraden Stiften, der Eisbecher und das Eishörnchen funktionieren nur mit versetzten Stiften. Das wirst du schnell herausfinden.

3. Wenn du dein Schmuckstück fertig gesteckt hast, wird gebügelt. Leg ein Stück Backpapier zwischen Steckplatte und Bügeleisen und bügel dein Eis ca. zehn Sekunden. Lass dir dabei evtl. von einem Erwachsenen helfen. Dann lässt du deinen Schmuck etwas abkühlen und nimmst ihn von der Platte herunter.

4. Durch eines der obersten Löcher fädelst du einen Spaltring und verschließt ihn mit Hilfe einer kleinen Zange wieder. Dann kannst du dein Eis auf die Kugelkette auffädeln und fertig ist dein Schmuckstück!

Praktische Tipps und Tricks für Zuckerbäckerinnen

Für gutes Gelingen:

Lies dir die Rezepte immer zuerst in Ruhe durch. Dann suchst du alle Zutaten und Geräte zusammen und legst dir alles zurecht. Jetzt noch schnell Hände waschen und schon kann's losgehen!

Manchmal kann es nützlich sein, wenn du dir von einem Erwachsenen helfen lässt, z.B. beim Umgang mit dem Messer oder bei kniffligen Anleitungen.

Achtung heiß!

Pass beim Backen oder Hantieren mit heißen Flüssigkeiten auf, dass du dich nicht verbrennst. Heiße Töpfe, Bleche oder Backformen solltest du unbedingt mit einem Topflappen anfassen oder dir Hilfe von einem Erwachsenen holen.

Die Temperaturen in diesem Buch sind immer für einen E-Herd angegeben. Für einen Umluftherd musst du einfach immer 20°C abziehen. E-Herd 180°C = Umluftherd 160°C.

Backöfen müssen immer vorgeheizt werden, damit sie die richtige Temperatur haben.

Stell dir den Küchenwecker, wenn du Kuchen oder Plätzchen in den Backofen schiebst. So wirst du durch das Klingeln daran erinnert, dein Werk rechtzeitig aus dem Ofen zu holen und dir verbrennt nichts.

Wichtige Hilfsmittel

Elektrischer Handrührer:

Dieser wunderbare Küchenhelfer nimmt dir viel Arbeit ab. Damit lässt es sich viel einfacher rühren, mixen und mischen als mit der Hand. Jedes Handrührgerät hat ein Paar Rührbesen und ein Paar Knethaken. Zum Verrühren und Schlagen benutzt du die Rührbesen. Die Knethaken werden bei festeren Teigen verwendet. Beginn immer auf der kleinsten Schaltstufe und schalte erst später zu den höheren Geschwindigkeiten hoch.

Teigschaber:

Mit dem Teigschaber bekommst du auch den allerletzten Rest Teig aus der Schüssel. Auch Zutaten lassen sich damit prima verrühren.

Einweg-Spritzbeutel:

Mit diesen praktischen Tütchen landen Verzierungen wie Cremes oder Zuckerguss an Ort und Stelle. Die Größe der Öffnung bestimmst du. Für dünne, feine Verzierungen schneidest du nur ein kleines Loch in den Beutel, für festere Cremes ein größeres. Die Einwegspritzbeutel bekommst du im Internet oder in Haushaltswarenläden. Einfache Ein-Liter-Plastikbeutel gehen aber genauso gut.

Styroporplatte:

Besonders für das Lolli-Kapitel ist eine Styroporplatte sehr nützlich. Alles, was einen Stiel hat (Lollis, Cakepops etc.), kannst du hier hineinstecken und dann trocknen lassen. Du bekommst die Styroporplatten in verschiedenen Größen im Baumarkt. Für deine Zwecke reicht eine Platte, die ca. 30 cm x 30 cm x 7cm groß ist. Das Tolle an der Platte ist, du kannst sie immer wieder verwenden.

Schürze:

Sie kommt zum Einsatz, damit deine Klamotten keine Fettflecken abbekommen. Manchmal ist sie auch praktisch, um mal schnell deine Hände daran abzuwischen.

Backpapier:

Damit die Plätzchen nicht am Blech kleben, legst du die Backbleche mit Backpapier aus. Dasselbe Papier kannst du ca. vier- bis fünfmal verwenden.

Schaschlikspieße:

Wenn du nicht sicher bist, ob dein Kuchen oder deine Muffins schon fertig sind, dann kommen Schaschlikspieße zum Einsatz. Piks mit dem Holzstäbchen vorsichtig in dein Backwerk. Kleben noch feuchte Teigkrümel an dem Stäbchen, solltest du dein Gebäck noch ein paar Minuten länger im Backofen lassen.

Messbecher:

Das ist ein großer Becher aus durchsichtigem Kunststoff oder Glas, mit dem du verschiedene Zutaten, z.B. Flüssigkeiten abmessen kannst.

Abkürzungen:

EL = Esslöffel (gestrichen)
TL = Teelöffel (gestrichen)
l = Liter
kg = Kilogramm
g = Gramm (1000 g = 1kg)
ca. = circa (ungefähr)
°C = Grad Celsius

Zuckersüß

Streusel, Zuckerperlen, Schokolinsen, Mini-Marshmallows oder andere kleine Süßigkeiten eignen sich prima zum Verzieren deiner Leckereien. Du findest sie im Back- oder im Süßigkeitenregal im Supermarkt. Meist werden die Verzierungen einfach über flüssige Schokolade, Buttercreme, Eis oder andere Köstlichkeiten gestreut. Größere Teile, wie z.B. Schokolinsen kannst du mit etwas flüssiger Schokolade oder mit Zuckerguss auch „festkleben".

Schokolade

In diesem Buch wird viel mit Schokolade und sogenannten Candy Melts gearbeitet. Schokolade kennst du, Candy Melts sind im Grunde nichts anderes als eingefärbte weiße Schokolade, die in kleinen Portionen verkauft wird.

Um Schokolade zu schmelzen, musst du sie vorher am besten mit einem Messer auf einem Schneidebrett zerkleinern. Pass gut auf, wenn du mit dem Messer hantierst und lass dir evtl. von einem Erwachsenen helfen. Dann brauchst du ein sogenanntes Wasserbad. Nimm einen Topf und fülle ihn zur Hälfte mit heißem Wasser. Gib die Schokostückchen in eine kochfeste Schüssel und stelle sie in den Topf (sie sollte also etwas kleiner als dein Topf sein). Erwärme das Ganze bei kleiner bis mittlerer Hitze auf dem Herd und rühre mit einem Löffel immer mal wieder um.

Ganz wichtig: Achte darauf, dass kein einziger Tropfen Wasser in deine Schokoladenschüssel gelangt, sonst wird die Schokolade bröselig und ist nicht mehr zu gebrauchen.

Du kannst Schokolade auch in der Mikrowelle erwärmen. Stell sie dazu in einem Schälchen bei geringer Hitze 30 Sekunden in die Mikrowelle und rühre die Schokolade dann um. Wiederhole diesen Vorgang so lange, bis deine Schokolade komplett vollständig geschmolzen ist.

Übrig gebliebene geschmolzene Schokolade kannst du in ein Glas mit Schraubdeckel füllen und zu einem späteren Zeitpunkt wieder aufwärmen.

Fondant

Fondant ist eine weiche Zuckermasse, die sich ein bisschen wie Knete anfühlt. Du kannst die verschiedensten Verzierungen daraus formen oder mit Ausstechern ausstechen. Fondant kannst du in fertigen verschiedenfarbigen Blöcken im Backbedarf kaufen.

Wichtig: Fondant muss immer luftdicht verpackt werden, sonst trocknet es aus.

Zuckerguss-Grundrezept

- 2 Eiweiß
- 350 g Puderzucker

Trenne zwei Eier in Eiweiß und Eigelb. Dann verrührst du das Eiweiß leicht und schlägst den Puderzucker mit dem Rührbesen des Handrührers unter. Rühr so lange weiter, bis ein matter fester Guss entstanden ist. Wenn du die Zuckermasse in verschiedene Schälchen verteilst, kannst du die Portionen mit Lebensmittelfarbe bunt einfärben.

Zum Verzieren füllst du den Zuckerguss in Einwegspritzbeutel und schneidest ein kleines Loch hinein. Umfahre erst die Außenlinien deiner Kekse mit dem Zuckerguss und fülle dann das Innere der Kekse.

Butterkeksteig-Grundrezept

Butter in Flöckchen, Zucker, Ei und Mehl zuerst mit den Knethaken des Handrührgerätes und dann mit den Händen zu einem glatten Teig verkneten. Schüssel zudecken und Teig für eine Stunde kalt stellen.

Den Backofen auf 180 Grad, Umluft 160 Grad, Gas Stufe 3 vorheizen. Rolle den Teig auf wenig Mehl etwa 5 mm dick aus und lege die fertig ausgestochenen Kekse auf ein mit Backpapier ausgelegtes Backblech. Jetzt schiebst du dein Werk in den Ofen und lässt die Kekse etwa 12 Minuten goldgelb backen. Auf einem Kuchengitter abkühlen lassen.

Zutaten:

- 200 g Zucker
- 200 Butter
- 1 Ei
- 400 g Mehl

Tipp

Streu etwas Mehl auf deine Arbeitsfläche und über dein Nudelholz, so klebt der Teig nicht fest. Die Förmchen oder Ausstecher drückst du in den ausgerollten Teig und bewegst sie ganz leicht hin und her. Du wirst merken, so löst sich der Teig besser vom Metall.

Biskuit-Grundrezept

Zutaten:

- 4 Eier
- 3 EL warmes Wasser
- 175 g Zucker
- 1 Prise Salz
- 150 g Mehl
- 1 Messerspitze Backpulver

Zuerst trennst du die Eier. Das Eiweiß wandert in eine kleine Schüssel. Die Eigelbe, das warme Wasser und den Zucker gibst du in eine andere Schüssel und rührst auf höchster Stufe mit dem Handrührer alles schön schaumig.

Dann vermischst du das Mehl mit dem Salz und dem Backpulver und rührst es unter die Eigelbmasse. Die Eiweiße mit dem Handrührer steif schlagen und mit einem Teigschaber vorsichtig unter den Teig heben.

Je nach Rezept wird die köstliche Masse in der jeweiligen Form oder auf dem Backblech gebacken. Immer Backpapier unterlegen, damit der Biskuit später nicht festklebt.

Für ein Backblech reichen ca. 15 Minuten Backzeit bei ca. 180°C, eine Springform benötigt etwa 25 Minuten. Bevor du dein Backwerk herausnimmst, mach die Garprobe mit einem Holzstäbchen. Bleibt kein Teig mehr hängen, ist der Biskuit fertig.

Cakepop-Grundrezept

Nimm den gekauften Rührkuchen aus der Verpackung und brich ihn in vier ungefähr gleich große Stücke. Dann reibst du immer zwei Stücke über einer Schüssel aneinander, sodass der Kuchen in gleichmäßig kleine Krümel zerbröselt.

Jetzt kannst du nach und nach den Frischkäse dazu geben und alles zusammen mit einer Gabel so verrühren, dass sich eine formbare Masse bildet. Sie sollte weder zu bröselig noch zu feucht sein. Evtl. musst du mehr Kuchenkrümel zu der Masse geben oder weniger Frischkäse unterrühren. Probier es einfach aus.

Jetzt kannst du mit einem Esslöffel kleine Mengen abstechen und sie zu ca. 3 cm großen Kugeln formen. Diese legst du auf einen mit Backpapier ausgelegten Teller. Schmilz Schokolade oder Candy Melts und tunke den Stiel mit einem Ende hinein, bevor du ihn in eine Kugel steckst. Hast du das mit allen Stielen gemacht, heißt es: Ab damit für ca. 15 Minuten ins Gefrierfach. So wird die Schokolade am Stiel fest und deine Kugel hält gut an dem Stiel.

Die Kugeln sollen kalt werden, aber nicht gefroren sein. Dann kannst du sie hinausnehmen und ganz in die Schokolade hineintunken. Steck sie zum Erkalten auf eine Styroporplatte – und… fertig zum Reinbeißen!

Zutaten:

- heller Fertig-Rührkuchen
- 200 g Frischkäse

Biskuitschnecken
Seite 34/35

Zuckerbäckerei
Seite 56/57
Vorlagen auf 200 % vergrößern

Blumiges Schokofondue
Seite 64/65
Vorlagen auf 200 % vergrößern

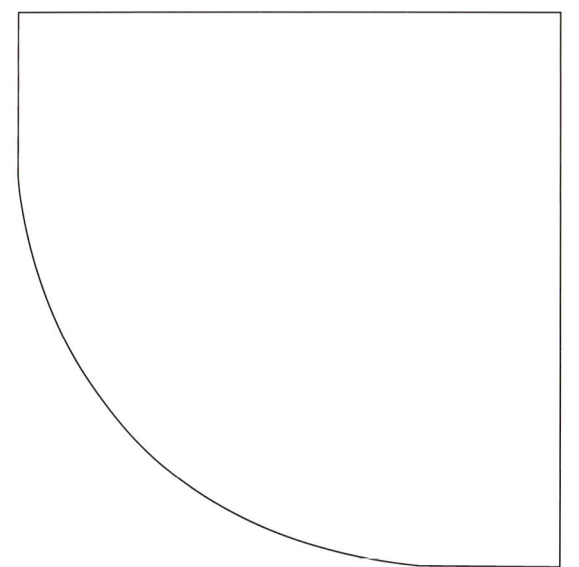

Zuckertüten
Seite 94/95
Vorlagen auf 200 % vergrößern

Buchtipps für dich

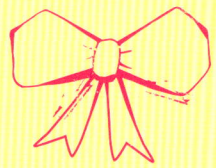

Noch mehr grandiose Bastelideen von Pia Deges
findest du in diesen Büchern:

TOPP 5780
ISBN: 978-3-7724-5780-7

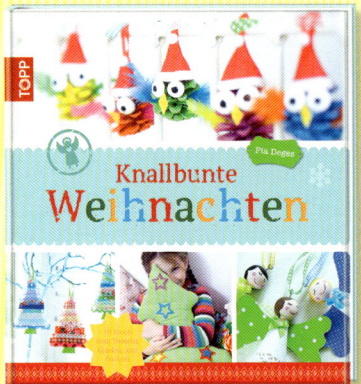

TOPP 5767
ISBN: 978-3-7724-5767-8

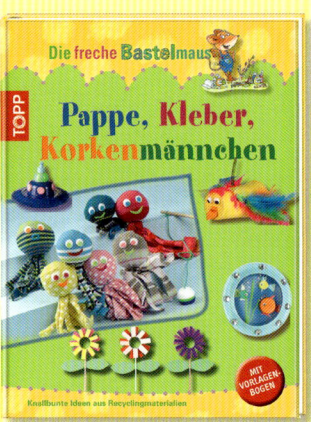

TOPP 5708
ISBN: 978-3-7724-5708-1

TOPP 5795
ISBN: 978-3-7724-5795-1

TOPP 3978
ISBN: 978-3-7724-3978-0

Du hast noch mehr Kreativwünsche? Dann wirst hier bestimmt fündig! Ob Filz-monster, Klorollen-Prinzessin oder Perlenarmband, mit diesen Büchern kannst du dir – fast – alle deine Wünsche erfüllen! Viel Spaß dabei!

TOPP 5799
ISBN: 978-3-7724-5799-9

TOPP 5783
ISBN: 978-3-7724-5783-8

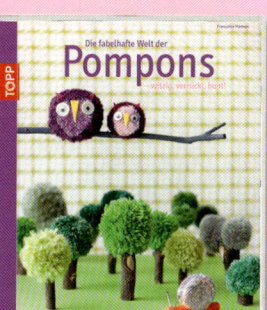

TOPP 5677
ISBN: 978-3-7724-5677-0

TOPP 5797
ISBN: 978-3-7724-5797-5

TOPP 5715
ISBN: 978-3-7724-5715-9

TOPP 5707
ISBN: 978-3-7724-5707-4

TOPP 5709
ISBN: 978-3-7724-5709-8

TOPP 5756
ISBN: 978-3-7724-5756-2

TOPP 5787
ISBN: 978-3-7724-5787-6

TOPP 5764
ISBN: 978-3-7724-5764-7

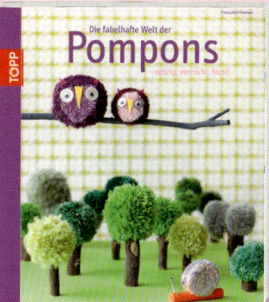

Danke

Ich bedanke mich herzlich bei den Firmen Efco (Rohrbach), Ihr (Essen), Rayher (Laupheim), Marabu (Tamm), Rico Design (Brakel), RBV Birkmann (Halle in Westfalen), HABA (Bad Rodach), lief! (Molenaarsgraaf, NL), Ginger Fashion (Bangkok, T) und (Odense, DK) für die großartige Unterstützung!

Ida, Julia, Olivia, Luisa, Lina und Milla danke ich für die die tollen Fotos und die gute Laune, die sie versprüht haben. Angela gilt ein dickes Dankeschön für die wunderbare Rundumbetreuung – es ist immer wieder eine Freude, mit dir Bücher zu machen. Michael danke ich für die unglaublich vielen schönen Bilder, Katha für ihre große Hilfe und Freundschaft und Marianne für die Himbeerüberraschung.

Impressum

Fotos: frechverlag GmbH, 70499 Stuttgart; lichtpunkt, Michael Ruder, Stuttgart
Produktmanagement und Lektorat: Angela Vornefeld
Layout und Satz: Melanie Dahmen
Druck: Papergraf s.r.l, Italien

2. Auflage 2013

© 2013 frechverlag GmbH, 70499 Stuttgart

ISBN: 978-3-7724-5718-0 Best.-Nr. 5718

Unser Service für Sie: Wenn Sie Fragen zu den Anleitungen in diesem Buch haben, schreiben Sie einfach eine E-Mail an: **mail@kreativ-service.info.** Wir helfen Ihnen gerne weiter.

Die Autorin

Himbeerbonbons, Schokoladentrüffel und den Duft von frisch gebackenem Kuchen mag Pia Deges besonders gern. Kein Wunder, dass sie irgendwann unbedingt dieses Buch schreiben musste.

Eine gefühlte LKW-Ladung voll Zuckerstreusel und Schokolade wurde dafür verarbeitet – sehr zur Freude aller Beteiligten.

Pia Deges hat Film- und Fernsehwissenschaften studiert und lebt mit ihrer Familie mitten im Ruhrgebiet.